MIX
Papier aus verantwortungsvollen Quellen
Paper from responsible sources
FSC® C105338

Bibliografische Information der Deutschen Nationalbibliothek: Die Deutsche Nationalbibliothek verzeichnet diese Publikation in der Deutschen Nationalbibliografie; detaillierte bibliografische Daten sind im Internet über www.dnb.de abrufbar.

© 2013 Klaus Friedrich Stetter

Herstellung und Verlag:

BoD – Books on Demand, Norderstedt

ISBN: 978-3-7322-9033-8

Sehnsucht

Von Klaus Friedrich Stetter.

Alle abgebildeten Zeichnungen wurden von Sabrina Wendel aus Bayreuth erstellt und mit freundlicher Genehmigung zur Verfügung gestellt.

Gedichte zum Hören:
https://www.youtube.com/channel/UCIolQACfn0G3IcXIxxYqc5g

oder

http://www.runboo.de

Bergwerk

Fleißig will der Kumpel sein,
Fährt tief in Berges Haut hinein,
Um ihn weiter auszuhöhlen
Und seinen Schatz ihm gar zu stehlen.

Knapp und dünn wird bald die Luft,
Im Hinterkopf steht seine Gruft,
Falls der Berg sich einmal wehrt
Und den Ausgang dicht versperrt.

Um dieser Angst nicht zu erliegen,
Bleibt der Gedanke an die Lieben,
Die ängstlich warten Tag um Tag,
Ob der Vater wiederkommen mag.

Schwach beleuchtet tief im Stollen
Bringt Dynamit den Berg ins Grollen.
Der Stollen bebt, der Kumpel zittert,
Ein letzter Gruß wird schnell getwittert.

Natürlich kommt der Gruß nicht an,

Doch die Hoffnung, dass ihn jemand lesen kann

Oder nur das geschrieb´ne Wort,

Hilft ihm an diesem düst´ren Ort.

Die Stunden dort im Berge drin

Laufen nur langsam vor sich hin;

Es hilft ihm nur, sich abzulenken

Und an die Zeit danach zu denken.

„Ach, wird das schön, daheim zu sein,

Wo Frau und Kind warten zu zwei´n

Um mich umarmend einzuschließen"

Dann hat er Zeit, dies zu genießen.

Dies und ähnliche Gedanken

Bringen die Langweil dann ins Wanken;

Schnell vergeht für ihn die Zeit,

Gott sei Dank, es ist soweit.

Feierabend: Schicht im Schacht,
Wieder mal hat er´s geschafft,
Wieder schön vereint zu sein
Mit Frau und Kind im trauten Heim.

Glücklich, wenn es schmerzt

Auf einer Seefahrt um die Welt -

Sprach der Kapitän zu den Matrosen beherzt,

Damit die Moral nicht ganz zerfällt:

„Ihr seid nur glücklich, wenn es schmerzt."

Der Kapitän ein alter Fuchs,

Hatte Worte und Zeitpunkt geschickt gewählt;

Will nehmen der Mannschaft ihre Krux

Und hat rätselhaft vom Glück erzählt.

Die Matrosen vermissen schmerzlich Frau und Kind,

Doch der Anreiz an Glück und Schmerz zu denken

oder warum sie dann nur glücklich sind,

Half ihnen, sich vom Heimweh abzulenken.

In die Heimat endlich zurückgekommen,

Durch Schmerz zum Glück ein Wiederseh´n;

Die Familien sich herzlich in den Arm genommen,

Nur der alte Fuchs blieb allein da steh´n.

Träumen

Vor dir sieht es düster aus,
Zuviel Stress, dein Geist will raus;
Sich abschotten, mal kurz verschließen
Und einen schönen Traum genießen.

Dicht schließt du deine Augen zu,
Dein Körper findet seine Ruh,
Im Gesicht ein wohles Grübchen,
Doch fleißig bleibt dein Hinterstübchen.

Es arbeitet nach Ladenschluss
Ohne Lohn und Überschuss
Dir zum Wohle weiter
Und stimmt dich morgens heiter.

Das alles kann nur funktionieren,
Wenn fest verschlossen beide Türen,
Die beiden Tore in die Welt,
Die dir manchmal nicht gefällt.

Jetzt bist du wieder aufgewacht,
Siehst das alte Bild in neuer Pracht;
Obwohl sich nichts geändert hat,
Schreibst du alle Sorgen ab.

Deine Augen waren gut abgedichtet,
Dein Geist hat es für dich gerichtet,
Und letztlich fällt dir nur noch ein,
Schön, manchmal hinter dieser Tür zu sein.

Twitter

Den ganzen Tag recht viel geschuftet,
Abends geht's dann wieder heim;
Dass jeder weiß, dass es dir gut geht,
Stell schnell noch einen Tweet hinein.
Auf dem Heimweg geht's dann los,
Mit der Welt in deinen Händen:
An(@) alle erst mal einen Gruß,
Auch an die, die fremd sind,
Jetzt wird getwittert und geschwätzt.
Twittern, twittern ist dein Leben,
Die Familie wird ersetzt;
Lieber twittern anstatt reden;
Wenn dein Profil zu lange ruht
Und keiner will dir schreiben,
Och, dann geht's dir gar nicht gut;
Du denkst, keiner kann mich leiden.
Vom social net total gestresst
Wünscht sich dein Hirn zur inneren Ruh;
Und eigentlich schon halb erpresst,

„Liebe Zeit, vergehe im Nu,

Bis ich hin zur Arbeit kann,

Geschützt vor dem Gezwitscher;

Denn dort zwitschert nur der eine Mann:

Mein Chef, und das ist sicher."

Hinter der Tür

Ich bin gegangen im Streit um nicht viel,

Ein kurzer Weg, der Vorhof das Ziel.

Zur Tür hinaus, dachte ich mir,

Sie wartet ewig auf mich dort hinter der Tür.

Nach kurzem Verharren noch voller Wut,

Nahm ich zusammen meinen ganzen Mut;

Also lief ich geknickt die Straße entlang,

Tausend Meilen, bis ich sie vergessen kann.

Mein Herz war gebrochen, alles fiel schwer,

In der Ferne sah ich bereits das glitzernde Meer;

Doch lief ich weiter, ohne zu klagen,

Die Konsequenz daraus sollte ich später ertragen.

War es die Sturheit oder der Stolz?

Verbrannt war all das süße Holz;

Die Jahre vergingen, ich stand am Meer,

Der Gedanke an sie fiel mir noch immer schwer.

Die Zeit half mir, vernünftig zu werden

Und zu begreifen, was zählt auf Erden.

Ich bereute und rannte zurück zu ihr,

Und hoffte und flehte, sie stehe noch an der Tür.

Und als ich dort ankam, ja was mir dann bot,

Die Tür fest verschlossen und sie:

längst tot.

Torero

Der Matador fühlt sich als Mann

Und wird gesellschaftlich gefeiert,

Wenn er den Stier besiegen kann,

Der schwer verletzt durch´s Runde eiert.

Mit Lanzenstichen tief im Nacken

Ist es wie im Fass zu fischen;

Die volle Wucht könnt er nicht packen,

Sein Tuch wird Stieres Blut aufwischen.

Eine Horrorshow in drei Akten,
Studiert, gespießt, dann ist´s soweit;
Post mortem sie ihn dann zerhacken
Und das in dieser modernen Zeit.

Ohr oder Schwanz oder doch gar beides
Erhält der Torero unter großem Applaus,
Und als Adelung des vollstreckten Leides
Darf er dann zum großen Tor hinaus.

Heimweg

Im Spiegel siehst du einen Ort,

Strahlend hell ist alles dort;

Blühender Glanz im ganzen Land,

Angst und Not sind nicht bekannt.

Deine Augen gehen auf Wanderschaft,

Alles neu und fabelhaft;

Alles soll erkundet sein,

Bevor die dunkle Nacht bricht ein.

Schnell lässt du deine Blicke gleiten,

Dann bemerkst du andre Seiten;

Nicht alles ist so schön und rein,

Ein falscher Blick kann tödlich sein.

Dennoch wächst in dir der Mut;

Wer langsam schaut, wird selten gut;

Und du willst der Beste sein;

Weiter, weiter schaust du rein.

Die Landschaft rasch verändert sich,

Plötzlich wirst du ärgerlich

Und leicht gereizt schaust du umher:

Kein Blühen, kein Glanz, nichts taugt dir mehr.

Der Wandel nimmt so seinen Lauf,

Maulwurfshügel sprießen aus;

Was eben noch so wunderbar,

Stellt sich als Schauplatz der Verheerung dar.

Dein Geist ist klar und wirr zerstreut,

Was eben gut wird gleich bereut;

Du stehst davor und gruselst dich;

Du siehst dich und du siehst dich nicht.

Befreit von Unruh jetzt gechillt,

Klart es auf das Spiegelbild;

Wieder wird es wunderbar,

Jedoch geprägt von dem, was war.

Zusammenhängt, was so verschieden;

Du bist weg und bist geblieben;

Neugier gegen Finsternis;

Der Spiegel, er vergrößert sich.

Und jetzt, mit gutem Überblick,
Sieht man vieles, welch ein Glück;
Voller Kraft und Tatendrang
Schließt sich ständig Neues an.

Was zuerst so wichtig scheint,
Dir Gegenwart und Zukunft eint,
Ungepflegt am Rande steht
Und wieder aus dem Bilde geht.

Eine Straße führt durchs Land,
Wild bewachsen ist ihr Rand;
Mit Dornen und mit Feuernesseln
Will der Weg dich an sich fesseln.

Du begehst ihn in Gedanken,
Stock und Stein bringt dich ins Wanken,
Und er will nicht einfach sein,
Du nimmst den Stock und wirfst den Stein.

Geistig voll im Thema drin,

Schaust du dich um und suchst den Sinn;

Weil du vor einem Spiegel stehst,

Der zeigt, wie du durchs Leben gehst.

Weiter, weiter denkst du erneut,

Doch schwächer wirst du mit der Zeit,

Sodass du froh bist um den Stock

Und jeden gut verdauten Schock.

Vieles hat dich abgehärtet,

Dich gezähmt und neu gewertet;

Du schaust jetzt mit Gelassenheit

Zurück auf all die ganze Zeit.

Vor dir sichtbar wird ein Ort,

Der dich heimruft, der dich lockt;

Müde, müde wirst du nun,

Es kommt die Zeit, die Zeit zu ruhn.

Vor dir dämmert´s, es wird Nacht;
Auf was du je erkundet hast,
Legt sich nun ein Schleier nieder
Und kehrt im Traum dir alsbald wieder.

Zufrieden schaust du nun zurück,
Dein letzter Weg vielleicht dein Glück;
Der Spiegel ließ dich nicht mehr los,
Seine Macht wurde dir zu groß.

Von der Wiege bis zur Bahre
Vergingen für dich viele Jahre
Und wenn den Augen der Glanz genommen
Bist du wieder heimgekommen.

Die alte Kuckucksuhr

Da hängt die alte Kuckucksuhr

Am Nagel in der Wand;

Das Pendel geht noch hin und her,

Das Haus aus Freiburg stammt.

Der Kettenzug zum letzten Mal

Vor elf Stunden aufgezogen;

Wenn keiner kommt und wieder zieht,

Ist Kuckucks Klang verflogen.

Der Kuckuck in der letzten Stund
Will bemerkt noch einmal werden;
Der Zeiger in der letzten Rund,
Der Besitzer lag im Sterben.

So rief der Kuckuck noch einmal
Mit voller Kraft und Stärke;
Der Besitzer ist nochmal erwacht
Und zog nochmal am Werke.